# 教師のための携帯ブックス ㉓

## クイズで実感！
## 学級づくり・授業づくり
## "50の極意"

古川光弘 著

黎明書房

# はじめに

　平成 29 年の夏，愛知県のセミナーで話をさせていただく機会に恵まれました。

　そのとき，一般参加者として，黎明書房の武馬久仁裕社長が参加してくださいました。

　そのセミナーで，私は『野村監督語録から学ぶ教師としての生き方！』というクイズ形式の講座を行ったのですが，そのセミナー終了後，それを聞かれた武馬社長から，何と，「クイズを取り入れた学級づくり・授業づくりの本が書けませんか？」という依頼が届いたのです。

　有難いお声がけだったので，さっそく挑戦させていただくことにしました。それがこの本です。

　○この本の使い方

　内容は，学級づくり，授業づくりで，私が必要と考えている "50 の極意 " を厳選しました。

　この "50 の極意 " を意識するだけで，ご自分の学級づくり，授業づくりがはっきりと変わります！　確実に変わります！

　騙されたと思って，ぜひ試してみてください。

---

　① 　まずは私が学級づくり，授業づくりに関する教師の

あり方をクイズとして提示します。

② 読者の皆様は，（ ）に入る言葉をヒントも見ずに，ひとまず考え，その問いに答えていただきたいのです。

③ そして，その後，ヒントの三択から，ご自分の考えを選んでください。

④ そして，最後に"古川流"の解答を読んでいただきたいと思います。

　もちろん，その答えは，古川が勝手に考えたものであって，それしかダメとかいうものでは全くありません。

　極端なことを言うと，三択のどれを選んでも間違いではないという問題も多いです。

　むしろここでは，そんな中でも，特に意識してほしいところを回答として設定しています。古川独自の学級指導，学習指導のあり方に触れています。

　一つひとつ，確認しながら読み進めていただきたいと思います。

　この本は，新学期を迎える前や，学級づくりに行き詰ったときに読んでください。

　そして，改めてご自分の学級づくり・授業づくりを振り返るきっかけにしていただきたいのです。

私はこれまで以下の6冊の単著を執筆しています。

○子どもの心をどうつかむか（1997年）
○1年生の授業・10分間パーツ教材で集中力を高める
（2003年）
○6年生の学級経営・絶対成功する年間戦略（2006年）
○学級づくり成功の原則　魔法のアイデア50選（2013年）
（以上，明治図書）
○『古川流』戦略的学級経営　学級ワンダーランド計画
（2016年，黎明書房）
○忙しい先生方が無理なく取り組める授業のアイディア30
（2018年，黎明書房）

　見ていただくと分かるように，本書のような形式は，これまでありません。初めてです。

　新しい形の本が出来たのではないかと，ちょっと自慢したい気持ちでいます（笑）。

　ぜひお試しいただければ幸いです。


　本書刊行にあたり，色々な方々にお世話になりました。

　まずは，これまでに担任した子どもたち，一人ひとりかけがえのない大切な教え子です。この子たちは，私の拙い実践を支えてくれました。

それからサークルのメンバー。このメンバーがいなければ，今の私はありません。月に一度のサークルの例会は，いつも笑いに溢れ，あっという間に時間が過ぎてしまいます。

　さらに読者の皆様にもお礼の気持ちで一杯です。おびただしい数の教育書がある中で，本書をお選びいただき，本当にありがとうございました。お読みいただいてのご意見，ご批判をいただければ，なお嬉しく思います。

　最後になりましたが，本書は黎明書房の武馬久仁裕様のお声がけがなければ，こうした形で世に出ることはありませんでした。

　武馬久仁裕様とのご縁で，私の教師としての可能性が広がりました。

　ただただ感謝の気持ちで一杯です。心より御礼を申し上げます。ありがとうございました。


　色々な方々のおかげで，本書を刊行することができました。まだまだ力不足の私ですが，これからも，子どもの心をつかむ努力を続け，残りの教師人生も輝かせていきたいと意を新たにしております。


　平成 30 年 2 月 1 日
　　　寒さの中にも，春の日差しを感じつつ…
　　　　　　　　　　　　　　　　　　　　　古川光弘

# も く じ

はじめに　1

## 第1章　朝の教師 …………………………… 9

❶　朝, 教室に入る前に, 鏡の前で（　　　）のチェックをしていますか？　10

❷　朝, 子どもたちに出会ったとき,（　　　）をしていますか？　11

❸　朝, 教室に入るとき, 明るく大きな声で（　　　）をしていますか？　12

## 第2章　子どもと教師の関係づくり … 13

❹　（　　　）指導を意識していますか？　14

❺　私のクラス・私の先生は（　　　）と印象づけていますか？　16

❻　（　　　）は許さないことを宣言していますか？　17

❼ 担任としての1年間の（　　）を話していますか？ 18

❽ 毎日，全員の（　　）を呼び，目を合わせていますか？ 19

❾ 子どもたちへ握手など，（　　）を図っていますか？ 20

❿ すぐにできる（　　）をし，楽しい雰囲気を作っていますか？ 21

# 第3章　学級指導 …………………… 23

⓫ 1日の流れに沿って（　　）を作っていますか？ 24

⓬ 係・当番などの（　　）を作っていますか？ 25

⓭ 給食の準備が（　　）できますか？ 30

⓮ 残菜を（　　），片付けは丁寧にできますか？ 31

⓯ 頻繁に子どもたちの（　　）を確認していますか？ 32

⓰ 雨の日，子どもたちの（　　）を確認していますか？ 33

⓱ 毎日，子どもたちの（　　）を確認していますか？ 34

⓲ 教科書や持ち物に（　　）を書くように言っていますか？ 35

⓳ 「ハイッ」と（　　）ように指導していますか？ 36

⓴ 「どうぞ」「ありがとう」の（　　）を指導していますか？ 37

㉑ 席を離れるときには，（　　）を入れることを指導していますか？ 38

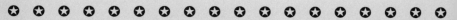

㉒　（　　）を丁寧に書くように指導していますか？　39

古川光弘の教師修業　教師修業の第一は，心の安定を保つこと！　40

# 第4章　授業づくり・学習規律 … 41

㉓　（　　）の中身について指導していますか？　42

㉔　（　　）は報告し，どう対処するかも言えていますか？　44

㉕　ノートに字を書かせるとき，（　　）を使わせていますか？　45

㉖　補助具としての（　　）の使い方について，指導していますか？　46

㉗　一人ひとりの子どものノートに（　　）をつけていますか？　48

㉘　線を引くときは，（　　）を使うことを指導していますか？　50

㉙　黒板の字が見えにくい子へ，（　　）をしていますか？　51

㉚　（　　）を守っていますか？　52

㉛　（　　），すぐに教室へ向かっていますか？　53

㉜　授業に遅れた子を（　　）工夫をしていますか？　54

㉝　授業で全員が（　　）機会を作っていますか？　56

㉞　教室は（　　）ところだという雰囲気を作っていますか？　58

**㉟** 一人が発言しているとき，（　　）を確認していますか？ 59

**㊱** 友達の（　　）を聞く姿勢ができていますか？ 60

**㊲** （　　）が自然と起きますか？ 62

**㊳** 待たせるとき，（　　）を作っていませんか？ 63

**㊴** 授業の終わりに次の授業の（　　）をさせていますか？ 64

**㊵** （　　）が体にあっているか確認していますか？ 65

古川光弘の教師修業　自分を高めるためには，自分の学校の研究にうまく乗ることです！ 66

# 第5章　戦略的学級経営 …………… 67

**㊶** 終わりの会を（　　）していますか？ 68

**㊷** 欠席の子どもへ（　　）を入れていますか？ 69

**㊸** 楽しい（　　）をしていますか？ 70

**㊹** 子どもたちの（　　）を高めていますか？ 75

**㊺** 子どもたちに（　　）を書かせていますか？ 81

**㊻** （　　）という体験をさせていますか？ 86

**㊼** 家庭訪問以外に，（　　）と話をしましたか？ 88

**㊽** 教師が（　　）していませんか？ 89

**㊾** 子どもたちとの（　　）は守っていますか？ 91

**㊿** （　　）をうまく利用していますか？ 92

第 1 章

# 朝の教師

朝の教師の笑顔は
子どもたちにとって
何よりの " ビタミン剤 " です !!

# ① 朝，教室に入る前に，鏡の前で（　　）のチェックをしていますか？

※クイズを始める前に，本書の「はじめに」をお読みください。

> ヒント （　）に入る言葉を下から選んでください。
> 1．服装
> 2．教材・教具
> 3．笑顔

### ★ ★ ★ ★ ★ ★ ★ ★ ★ ★ 古川流の解答 ★ ★ ★ ★ ★ ★ ★ ★ ★ ★

とにかく教師は，明るい表情で，子どもたちに元気を与えるようにしないといけません。

子どもたちにとって，一番の環境は教師です。

まずは，朝，教室に入る前には，鏡の前で笑顔の練習をしてから入室してください。朝の教師の笑顔は，子どもたちにとって，何よりのビタミン剤になります。

残念ながらお亡くなりになりましたが，教育界の巨星，社会科指導のプロ中のプロ，有田和正氏は，「1時間のうちに一度も笑いのない授業を行った教師は，ただちに逮捕する」という条文を学習指導要領に入れよ！　という運動を起こされていました。それほど，笑いというものを大切にされていました。

【回答：3】

# ❷ 朝，子どもたちに出会ったとき，（　　）をしていますか？

> ヒント （　）に入る言葉を下から選んでください。
> 1．挨拶をしない子に注意
> 2．挨拶をする子には挨拶
> 3．自ら笑顔で挨拶

★ ★ ★ ★ ★ ★ ★ ★ ★ ★　古川流の解答　★ ★ ★ ★ ★ ★ ★ ★ ★ ★

　先ほども書きましたが，とにかく教師は，明るい表情で，子どもたちに元気を与えるようにしないといけません。

　子どもたちにとって，一番の環境は教師です。

　相手が挨拶をしようがすまいが，そんなことは関係ありません。

　とにかく朝，子どもたちに出会ったら笑顔で挨拶をしましょう。

　子どもたちは，いろんな性格を持っています。

　朝，テンションの低い子もいます。

　そんな子も，こちらから挨拶をしていると，少しずつ声が出るようになってきます。

【回答：3】

## 朝，教室に入るとき，明るく大きな声で（　　）をしていますか？

> ヒント（　）に入る言葉を下から選んでください。
> 1．注意
> 2．挨拶
> 3．発声練習

★★★★★★★★★★★ 古川流の解答 ★★★★★★★★★★★

　教室に入るときも同じです。朝の気分を教室に持ちこんではいけません。朝から，教師が機嫌が悪いと，子どもたちもたまったものではありません。

　例えば，職員朝会で，他の先生方から気分の悪くなるような指摘を受けるかもしれません。

　あるいは，連絡帳に批判的なコメントが載せられているかもしれません。

　風邪で体調がすぐれないときもあるでしょう。

　でも,子どもたちにとっては,そんなことは関係ない事です。

　朝，教室に入るときは，「おはよう！」と，明るく大きな声で挨拶をして入りましょう。

　子どもたちも，そんな明るい教師の声で元気が出ます。

【回答：2】

第2章

# 子どもと教師の
# 関係づくり

学級掌握力を高め，子どもとの
良好な関係を築こう！

# ④ (　　) 指導を意識していますか？

> ヒント ( ) に入る言葉を下から選んでください。
> 1．甘やかさない
> 2．叱らない誉める
> 3．厳しい

## ★★★★★★★★★★ 古川流の解答 ★★★★★★★★★★

　子どもの指導では，基本は，子どもを誉めることを考えましょう。叱らない指導です。

　例えば，おしゃべりしている子がいる場合は，叱らずに，そっと近づいていきましょう。そうすれば，お話をやめるでしょう。

　また，授業が始まったら，フラッシュカードなどをしながら遅れて入ってくる子を待ちましょう。

　そして，全員が揃った時点で授業を始めます。

　よく，「何分たってると思っているの！」とか「あなたは，いつも遅れてきます！」のように，叱っているケースを見かけますが，無意味ですね。

　むしろ，運動場でたっぷりと遊んでいることを誉めてあげたいほどです。

それから相性の合わない気になる子ほど，1日1回は，嫌でも誉めてあげましょう。とにかく誉めることです。

　誉めることがなければ，着ている服や髪形や何でもよいです。

　とにかく誉めましょう。

　ただし誉めるときは，具体的に力強く誉めましょう。

　とってつけたような誉め方は逆効果で，むしろ反感を買うようなときもあります。

【回答：2】

第2章●子どもと教師の関係づくり

# 私のクラス・私の先生は（　）と印象づけていますか？

**ヒント** （　）に入る言葉を下から選んでください。
1. 楽しい
2. 厳しい
3. 怖い

## ★★★★★★★★★★ 古川流の解答 ★★★★★★★★★★

　このクラスになって良かったな，この先生で良かったなという雰囲気を作りましょう。

　たとえば，一所懸命掃除をする子がいたら，すかさず取り上げます。「○○ちゃんがいるから，いつも教室がきれいだね。みんなこのクラスで良かったね。」と。

　それから，自分の学級は，頑張ったら楽しいことがあるよと思わせましょう。

　「全員が漢字テスト100点取ったら，パーティーしようね。」というような感じで，楽しい雰囲気を作り上げましょう。

　クラスの雰囲気というのは，とても大切です。その雰囲気で，学級は良くも悪くもなります。

　心しておきたい事です。

【回答：1】

# （　　）は許さないことを宣言していますか？

> ヒント （　）に入る言葉を下から選んでください。
> 1．手悪さ
> 2．うそ
> 3．いじめ

## ★★★★★★★★★★ 古川流の解答 ★★★★★★★★★★

「いじめ」は，クラス全員を味方に付けつつ指導を行います。1対1で対決してはいけません。

「今の言葉は，言ってよいのですか？　あんなことを言ってよいと思う人は手を挙げなさい。」という感じで。

いじめは，いじめた子にどんな理由があろうと，許してはなりません。

いじめた子からいじめた理由を聞き，教師が「君の言う事もわかる」などと同意してしまったら，それはいじめを許すことになります。

そのような甘い態度では，子どもに正しい方向を指し示すことも，導くこともできません。

「いじめ」には，毅然とした対応が必要です。

【回答：3】

# 担任としての1年間の(　　)を話していますか?

> ヒント ( ) に入る言葉を下から選んでください。
> 1. 方針
> 2. 決意
> 3. 意志

## ★★★★★★★★★ 古川流の解答 ★★★★★★★★★

できれば4月ですが,9月でもかまいません。

子どもたちに「熱い方針」を語りたいですね。

でも中身は具体的なものがよいです。

例えば,「全員が1時間の中で必ず1回は発表できるクラスを創ろう!」とか「全員でノートを250冊は使い切ろう!」というような,何かみんなでやればできそうな,そんな目標を熱く語りましょう。

「みんなが意欲的な学級に!」というような具体的でない方針や,「全員が欠席無しで1年を送ろう!」というような,まず不可能な方針を最初にあげてはいけません。

【回答:1】

# ⑧ 毎日，全員の（　　）を呼び，目を合わせていますか？

> ヒント ( ) に入る言葉を下から選んでください。
> 1．ニックネーム
> 2．名前
> 3．保護者

### ★ ★ ★ ★ ★ ★ ★ ★ ★ ★ 古川流の解答 ★ ★ ★ ★ ★ ★ ★ ★ ★ ★

これは，絶対にしてほしいですね。

1日のうちで，じっくりお話は出来ずとも，このことは必ずしてください。

朝の出席はもちろんのこと，授業中に，毎日必ず一度は，指名して発表させるなど，何でもよいです。

いくらでも方法はあるでしょう。

授業中に発言できない場合は，休み時間に話しかけるなど，とにかく最低でも1日に1回は，本人の名前を呼び，目を合わせることが大切です。

【回答：2】

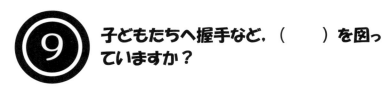

## ❾ 子どもたちへ握手など，(　　　)を図っていますか？

>  ヒント　(　)に入る言葉を下から選んでください。
> 1．スキンシップ
> 2．ウォーミングアップ
> 3．心の交流

★ ★ ★ ★ ★ ★ ★ ★ ★ 古川流の解答 ★ ★ ★ ★ ★ ★ ★ ★ ★

　これもできればしてください。

　例えば，帰りの会で，教師とじゃんけんをして，勝った人は握手をして教室を出すというような方法でもあるでしょう。

　お誕生日に，肩車をするというような方法もあります。

　悪いことをしたときなど，抱きかかえて「人間ギター」という"こそばしの刑"（笑）にするのもよいでしょう。

　方法は色々とあるでしょう。

　低学年では，色々と工夫をしてみてください。

　ただし高学年は考えた方がよいケースもあります。最近は，体に触れられることに対して敏感になってきています。

　無理はしない方がよいかもしれません。

【回答：1】

## ⑩ すぐにできる（　　）をし，楽しい雰囲気を作っていますか？

> ヒント （　）に入る言葉を下から選んでください。
> 1．ゲーム
> 2．パーティー
> 3．漫談

### ★★★★★★★★★ 古川流の解答 ★★★★★★★★★

　これは，なんでもよいのです。

　たくさん知っていて損はしないでしょう。

　学校には，ちょっとした隙間の時間がよくできます。その時間を利用します。

　例えば"後出しじゃんけん"。これは簡単で，すぐにできます。

　「じゃんけん・ポン・ポン」というリズムで，教師は同じ種類を二度出します。(例えばグーならグーを二度出します。)

　子どもたちは，二度目の「ポン」で，教師の指示に合うじゃんけんの種類を出します。

　一番簡単なのは，教師と同じ種類を出させる"あいこじゃんけん"です。

　次に簡単なのが，教師に勝つ種類を出させる"勝ちじゃん

けん"です。教師は,同じ種類を二度出しますから,子どもたちは,一度目の教師のじゃんけんを見て,勝つために瞬時の判断をします。

　一番難しいのが,教師に負ける種類を出させる"負けじゃんけん"です。子どもたちは,一度目の教師のじゃんけんを見て,負けるための判断をしないといけません。

　これが結構難しいのです。

"古川先生が言いましたゲーム"も面白いです。

　やり方は,"古川先生が言いました"と言ったときだけ,子どもたちは,教師の指示に従います。

"古川先生が言いました"と言っていない指示に従ってはいけません。世間でいう"船長さんが言いましたゲーム"です。

　教師は,途中,「遅い！やり直し！」「拍手をしましょう！」というような思わず行動してしまうフレーズを入れたりしながら,子どもたちの集中力を分散させます。

　とっても楽しく盛り上がることは間違いありません。

【回答：1】

# 愛読者カード

今後の出版企画の参考にいたしたく存じます。ご記入のうえご投函くださいますようお願いいたします。新刊案内などをお送りいたします。

書名

1. 本書についてのご感想および出版をご希望される著者とテーマ

※上記のご意見を小社の宣伝物に掲載してもよろしいですか？
□ はい　　□ 匿名ならよい　　□ いいえ

2. 小社のホームページをご覧になったことはありますか？　□ はい　　□ いいえ

※ご記入いただいた個人情報は，ご注文いただいた書籍の配送，お支払い確認等の連絡および当社の刊行物のご案内をお送りするために利用し，その目的以外での利用はいたしません。

ふりがな
ご氏名　　　　　　　　　　　　　　　　　年齢　　歳
ご職業　　　　　　　　　　　　　　　　　（ 男・女 ）

（〒　　　　　）
ご住所
電話

| ご購入の書店名 | | ご購読の新聞・雑誌 | 新聞（　　　　　　　　）雑誌（　　　　　　　　） |
|---|---|---|---|

本書ご購入の動機（番号を○で囲んでください。）
1. 新聞広告を見て（新聞名　　　　　　　　　　）
2. 雑誌広告を見て（雑誌名　　　　　　　　　　）　3. 書評を読んで
4. 人からすすめられて　　5. 書店で内容を見て　　6. 小社からの案内
7. その他（　　　　　　　　　　　　　　　　　　　　　　　）

ご協力ありがとうございました。

郵便はがき

**４６０－８７９０**

４１３

料金受取人払郵便

名古屋中局
承　認

**38**

差出有効期間
平成 31 年
2 月 1 日まで

名古屋市中区
　丸の内三丁目 6 番 27 号
　　　　（EBSビル 8 階）

# 黎 明 書 房 行

---

## 購入申込書

●ご注文の書籍はお近くの書店よりお届けいたします。ご希望書店名をご記入の上ご投函ください。（直接小社へご注文の場合は代金引換にてお届けします。1500 円未満のご注文の場合は送料 530 円，1500 円以上 2700 円未満の場合は送料 230 円がかかります。〔税 8％込〕）

| （書名） | （定価） | | （部数） | |
|---|---|---|---|---|
| | | 円 | | 部 |
| （書名） | （定価） | | （部数） | |
| | | 円 | | 部 |

ご氏名　　　　　　　　　　　　　　　TEL.

ご住所 〒

---

| ご指定書店名（必ずご記入ください。） | | 取次・番線印 | この欄は書店または小社で記入します。 |
|---|---|---|---|
| 書店住所 | | | |

# 第3章

## 学級指導

教師がリーダーとなって
学級を統率しよう！

## 1日の流れに沿って（　　）を作っていますか？

ヒント ( ) に入る言葉を下から選んでください。
1．カリキュラム
2．週案
3．学級のルール

★ ★ ★ ★ ★ ★ ★ ★ ★ ★ 古川流の解答 ★ ★ ★ ★ ★ ★ ★ ★ ★

　これはイメージとしては，担任がいなくても教室が動いていくイメージです。
　例えば，出張で1日いない日を想定してみてください。
　朝の会は，子どもたちでできますか？
　給食の時間は，それぞれの当番の役割が決まっていますか？　待っている子は，することが決まっていますか？
　掃除の時間は大丈夫ですか？　教師がいなくても，遊ばずにしっかりと掃除をすることができますか？
　終わりの会や連絡はどうしますか？
　日番は機能していますか？
　こういったこと，一つひとつを細分化して，もう一度確認しておきたいですね。

【回答：3】

## ⑫ 係・当番などの（　　）を作っていますか？

> ヒント（　）に入る言葉を下から選んでください。
> 1．チーム
> 2．システム
> 3．仲良しグループ

★ ★ ★ ★ ★ ★ ★ ★ ★ ★　古川流の解答　★ ★ ★ ★ ★ ★ ★ ★ ★ ★

### 1　当番と係を組織する

　学級には当番活動と係活動があります。低学年では，まだまだ未分化なところもありますが，高学年にもなれば，この二つを明確に区別しなければなりません。

　当番活動は，教師のお手伝い的なものと考えるとよいです。型にはまった仕事の繰り返しで，創造の場面はほとんどありません。したがって自由ではありません。

　係活動は，文化的，スポーツ的，レクリエーション的なものであり，自由です。

　この活動がうまくいけばクラス全体が，とても創造的なものになり，活力に満ちてきます。

　ちなみに私が担任した6年生では，1学期当初，次のような係が生まれました。

【何でもさがします係】

無くなったもの，すぐに欲しいものなど，頼めば何でも探してくれる係

【イベント係】

楽しいビッグなイベントを実現させてくれる係

【ギネス係】

いろんな競技を考えて，６年生の新記録を認定する係

【協力係】

頼めば何でも協力してくれる係

【情報係】

ありとあらゆる情報を伝える係

【イラスト係】

黒板・新聞，何でもお任せ！　イラストで楽しい教室作ってくれる係

【探偵係】

何でも調べ，探ってくれる係

【宿題係】

宿題忘れ「０」を目指して工夫を重ねる係

係の活動に自由が認められている教室は，どこかダイナミックで躍動している雰囲気が生まれます。


## ２　オンリーワンの係活動

ところで，私がこのような係活動を行うにあたり，影響を

受けた実践があります。園田雅春氏の実践です。

　園田氏は現在の大阪教育大学にお勤めになる前には大阪の小学校に勤務されていました。

　そのときに実践されたことは多くの著書に収められていますが，その中でも私は次の著作に強く影響を受けました。

『オンリーワンの総合学習―風の学校ドッキリ日記』（上・下）（共に雲母書房）

　その本の中に紹介されている園田学級の班活動の一端を紹介します。

　＜速報新聞社＞

　ニュースが見つかれば，すぐに新聞発行。そんな意気込みから生まれたのが，この新聞班。ところが，今までに新聞らしい印刷物を発行したのは，たったの一回だけ。早くも倒産か，と一部でウワサされています。

　＜急行新聞社＞

　急行電車みたいな速さで，みんなにニュースを届けたい，ということから生まれた新聞班。やっと一号を出したかと思えば，あとは「休行新聞社」に。二つの新聞社が競い合って，教室が新聞紙で埋まる日は，いったいいつのことか…。

　※あとは係名のみ列挙します（古川）

　＜100点もぎテスト銀行＞

＜ひいわね動物園＞
＜エジソン・ジュニア＆ジャニーズ＞
＜エンジョイ・パーティーⅡ＞
＜ファーム・プラザ＞
※　　前掲書（上）55 〜 56 頁


　全ての係の内容を紹介する紙面はないので，ぜひとも先の
著書をご覧になってください。


## 3　係活動を活性化させる工夫

　さて，先に園田実践の二つの係の紹介を書きましたが，実
はその中に係活動を活性化させる工夫がさりげなく仕込まれ
ているのに気付かれたでしょうか？

**【工夫その１…ネーミングを工夫する】**

　園田学級の係名を読むだけで，楽しそうな雰囲気が漂って
くるのは，私だけではないかもしれません。

　冒頭に紹介した私のクラスの係名も，それなりの工夫が見
られますが，園田学級に比べ，明らかに「遊び心」が足りま
せん。

　実は，この「遊び心」が係活動には大切なのです。

**【工夫その２…係は固定的ではなく，流動的】**

　＜速報新聞社＞の解説の中に，「早くも倒産か」という言
葉があります。

つまり，やりたい係をやればいいのです，うまくいかなければやめてもよいのです。極めて自由な縛りが存在しています。

よく，学期当初に決めた係がずっと教室に掲示されているのをみかけますが，これでは係活動は活性化しません。

### 【工夫その３…同じような係が共存してもよい】

園田学級には＜速報新聞社＞＜急行新聞社＞というほとんど同じような内容の係が存在しています。実は，これが係を活性化させる一つの工夫なのです。

これで，発行部数や発行内容の競争が起きます。当然お互いの質が向上していきます。逆に言えば，倒産に追い込まれる係活動もあるのです。だから活気付きます。

### 【工夫その４…点検活動をこまめに行う】

園田学級の実践からは離れますが，係活動を活性化させるために欠かせないのが点検です。

毎日は無理でも，週に一度は係活動の進行状況を確認する時間を設定します。

さらに，たとえ少なくてもよいので係活動を行う時間を定期的に設けます。

それだけでも係活動への意欲は違ってきます。オンリーワンの係活動で学級を活性化させたいものです！

【回答：２】

# 給食の準備が（　　）できますか？

> ヒント （ ）に入る言葉を下から選んでください。
> 1. スムーズに
> 2. ゆっくりと
> 3. こぼさずに

★ ★ ★ ★ ★ ★ ★ ★ ★ ★ 古川流の解答 ★ ★ ★ ★ ★ ★ ★ ★ ★ ★

皆さんの学級では，給食の準備に，どれくらいの時間がかかりますか？

目標は，給食開始から8分です。

8分でできたら，かなりのハイスピードです。まあ，そこまでいかずともできるだけスムーズに進めるシステムが必要です。

そのためには，先にも書きましたが，当番の細分化等，一人ひとりの動きが，きちんと明確化されていることが大切です。

ぜひとも，8分の目標を目指して，挑戦してみてください。

【回答：1】

## ⓮ 残菜を（　　），片付けは丁寧にできますか？

> ヒント ( ) に入る言葉を下から選んでください。
> 1．しないように食べきらせ
> 2．してもいいが，
> 3．限りなく0に近づけ

### ★★★★★★★★★★ 古川流の解答 ★★★★★★★★★★

　給食の残菜は，一般論で片づけるとダメですね。

　子どもに嫌われないようにと，「誰でも嫌いなものはあるよ。仕方ないね」なんて，正義ぶってはいけません！

　そんなことを言うと，残菜が，どんどん増えていくばかりです。そうなってから，途中で軌道修正しようとしても無理です。「先生，残してもよいって言ったじゃない！」と腕白坊主は反抗してきます。

　給食には，「1時までは，しっかり食べなさい」というようなある程度の強制は必要だと考えています。その上で残るのは仕方がありません。

　ただ片付けは丁寧にさせたいですね。ごはん粒が付きっぱなしとか，食器がバラバラとかにならないように気を付けたいものです。

【回答：3】

# 頻繁に子どもたちの（　　）を確認していますか？

> ヒント　（　）に入る言葉を下から選んでください。
> 1．顔色
> 2．下駄箱
> 3．持ち物

★ ★ ★ ★ ★ ★ ★ ★ ★ ★　古川流の解答　★ ★ ★ ★ ★ ★ ★ ★ ★ ★

　下駄箱は、整然とはいかなくともきちんとしておかねばなりません。下駄箱を見れば、クラスが分かります。

　時々、かかとが1mmもズレずに整然と並んでいるような下駄箱を見ることがありますが、私とは感性が違います。

　そんなに整然としていなくてもよいのですが、きちんとはしておきたいです。

　下駄箱が、きちっとしていれば、クラスもきちっとしているものです。一事が万事です。

　朝、教室に行く前に確認し、きちんとできていない子にはやり直しをさせるとよいでしょう。

【回答：2】

# ⑯ 雨の日，子どもたちの（　　）を確認していますか？

> ヒント　（　）に入る言葉を下から選んでください。
> 1．靴
> 2．服
> 3．傘

* * * * * * * * * * * 古川流の解答 * * * * * * * * * * *

　傘は，閉じて傘立てに入れるように指導したいですね。そういったささいな所も，しっかり指導したいです。

　よくあるのが，開いたままで，傘立てに突っ込んでいる状態です。こういうのは，あとの人のことを考えていない自分勝手なやり方です。あとの人の傘が傘立てに入りにくいです。

　傘立ても，整然とはいかなくともきちんとしておかねばなりません。こんなところを見ても，クラスが分かります。

　傘の立て方からも思いやりの心を育てることができます。

【回答：3】

## ⑰ 毎日,子どもたちの(　　)を確認していますか?

> ヒント ( )に入る言葉を下から選んでください。
> 1. ロッカーの中
> 2. ポケットの中
> 3. カバンの中

★ ★ ★ ★ ★ ★ ★ ★ ★ ★ 古川流の解答 ★ ★ ★ ★ ★ ★ ★ ★ ★ ★

　これも傘立てや下駄箱と同じです。整然とはいかなくともきちんとしておかねばなりません。

　時々,ロッカーの中から,カビの生えたパンや何日も前の靴下などが出てくることがあります。

　これでは,整理整頓ができているとは言えません。

　できれば帰る前に整理させたいですが,毎日が無理なら,定期的に整理させる習慣をつけたいです。

　ロッカーを見れば,その人の人となりが分かります。

　常に意識しておきたいですね。

【回答:1】

## 教科書や持ち物に（　　）を書くように言っていますか？

> ヒント ( )に入る言葉を下から選んでください。
> 1．イラスト
> 2．名前
> 3．メモ

★ ★ ★ ★ ★ ★ ★ ★ ★ ★ 古川流の解答 ★ ★ ★ ★ ★ ★ ★ ★ ★ ★

こんなのは基本中の基本です。

当然できていないといけません。

ですが，意外とできていないものです。しっかりと確認して書かせます。

よく新学期の宿題に「教科書に名前を書いてくること」という課題が出されます。

それはよいのですが，確認していない場合が多いですね。

指示したことは，しっかりとフォローをしないといけません。

意外とやっていない子も多いです。

まずは，教科書に名前をしっかりと書くことからスタートさせたいですね。

【回答：2】

# 19 「ハイッ」と（　　）ように指導していますか？

> ヒント（　）に入る言葉を下から選んでください。
> 1．手をあげる
> 2．起立する
> 3．短く返事をする

★★★★★★★★★★ 古川流の解答 ★★★★★★★★★★

クラスは，ピリッとした切れ味が大切！

あいさつも「おはようございま〜す」ではいけません。「おはようございます！」ピシッと言いきらせます！

次のようなユニークな指導をしましょう。

『例えば，先生が「たちなさい」と言ったとき，「たちなさい」が言い終わって立つようではいけません。

「たちなさい」の「た」で立つようにするのです！

やってみますよ。』（実演）

『まだ遅いです。もう一度やってみます。』（実演）

こんなことをちょっと指導するだけで，クラスを楽しく鍛えることができます。ピリッと引き締まります。

ぜひお試しください。

【回答：3】

# ⑳ 「どうぞ」「ありがとう」の（　　）を指導していますか？

> ヒント （　）に入る言葉を下から選んでください。
> 1．挨拶
> 2．体育の掛け声
> 3．プリント配り

### ★★★★★★★★★ 古川流の解答 ★★★★★★★★★

　これは，プリント配りの鉄則です。

　教師が前からプリントを配るとき，子どもに「どうぞ」と言って渡します。渡された子どもは「ありがとう」と言って受け取ります。

　子どもが次の子どもにプリントを配るときも同じです。

　クラスに次々と「どうぞ」「ありがとう」の言葉が響きます。

　とても気持ちのよいプリント配りができます。

　よく，頭の上から後ろも向かずにプリントを渡そうとして，バラバラに落ちてしまう光景を見かけます。

　ちょっと残念な光景です。

　このようなプリント配りでも，クラスに思いやりの心を育てることができます。ぜひお試しください。

【回答：3】

## 席を離れるときには，(　　)を入れることを指導していますか？

> ヒント ( )に入る言葉を下から選んでください。
> １．机の中に学用品
> ２．椅子
> ３．気合い

***★★★★★★★★★★ 古川流の解答 ★★★★★★★★★★***

　基本中の基本です。
　しかし，意外とできていないし，教師も指導をしていません。休み時間に，教室を回っていると，椅子の出たままのだらしない様子が見られます。
　こんな些細なことではあるのですが，しっかりできている教室は，やはり何事にもけじめが見られます。
　気に留めたいことです。
　ただし発表のときは，その必要はないでしょう。
　起立するたびに，いちいち椅子を入れている学級もありますが，この必要はないと私は思っています。
　授業のリズムとテンポが崩れます。

【回答：２】

# ㉒ （　　）を丁寧に書くように指導していますか？

> ヒント （　）に入る言葉を下から選んでください。
> 1．連絡帳
> 2．黒板の字
> 3．掲示物

★ ★ ★ ★ ★ ★ ★ ★ ★ ★　古川流の解答　★ ★ ★ ★ ★ ★ ★ ★ ★ ★

　連絡帳は，書いた後，必ず私の所へ持ってこさせていました。そして，丁寧に書けていない場合は書き直しをさせました。

　なぜなら，国語ノートや算数ノートは見なくても，連絡帳は保護者が必ず目を通すからです。

　時々「何を書いているのか読み取れません」というようなクレームもあります。連絡帳がきれいに書けていると，一応，どのノートも丁寧に書けていると考えてよいでしょう。

　少し時間を多めにとって，しっかりと連絡帳を書かせましょう。そして，合格したらサインをしておきましょう。保護者は，子どものそんなノートを見て安心します。

【回答：1】

## 古川光弘の教師修業

## 教師修業の第一は，心の安定を保つこと！

　教師にとって，すぐれた教育技術を身に付けたり，教材（ネタ）を数多く持ったりすることは，言うまでもなく大切です。
　でも，それ以上に大切なことは，心身の健康を保つことです。特に心の健康を保つことは重要です。

　人間は，誰にもスランプがあります。調子のよい時ばかりではありません。子どもとうまくいかなかったり，保護者とトラブることもあります。そんな時，つい心が落ち込みます。
　でも，そんなことは教師だったら当然なのです。誰にでもあることです。卑屈になることはありません。

　でも，心の弱い人は，そんな時，折れてしまいます。教師として根幹が弱すぎます。教師力とは，このような時に，しっかりと踏ん張ることのできる力なのです。

　スランプの時に，被害を最小限に食い止めながら，スランプから脱出できる機会を待つのです。その力がこれからの教師には求められていると思います。

# 第4章

## 授業づくり・
## 学習規律

授業に乗ってこないとなげく
前に子どもたちを授業に
引き込もう!

# ㉓ (　　)の中身について指導していますか？

> ヒント ( )に入る言葉を下から選んでください。
> １．ランドセル
> ２．筆箱
> ３．給食

### ★★★★★★★★★★ 古川流の解答 ★★★★★★★★★★

これは，絶対しないといけません。

基本は，鉛筆５本・赤鉛筆１本・消しゴム・ミニ定規です。私は，これだけしか入れさせません。

こんなことは，学校で決めておくべきことです。大切なことは，学校力です。担任一人の力ではどうしようもありません。

担任だけでやって痛い目に合っている人を何人も見ています。

例えば，シャープペンシルを無断で持ってくる子がいます。

これを「このクラスでは，シャープペンシルは禁止です」と指導すると，「前の担任は良かったのに！」「何年生は，許されているのに！」と大反発です。

このようなケースは，学校力を利用しないといけません。

学校のルールとして，シャープペンシル禁止を定めておくべきです。そうすると，

　「○○小では，シャープペンシルは禁止になっています。○○小の子どもなら，約束は守りなさい！」

　と厳しく指導しても大丈夫です。

　蛇足ですが，私の場合，教室には，大量の鉛筆・赤鉛筆・消しゴム・ミニ定規を用意しておきます。

　忘れたら自分で言いに来る習慣にし，黙って貸してあげます。いちいち叱ることはありません。

　このことも先に述べた叱らない指導の一つです。

【回答：2】

# （　）は報告し，どう対処するかも言えていますか？

> ヒント　（　）に入る言葉を下から選んでください。
> 1．欠席
> 2．けんか
> 3．忘れ物

★ ★ ★ ★ ★ ★ ★ ★ ★ ★ 古川流の解答 ★ ★ ★ ★ ★ ★ ★ ★ ★ ★

　忘れ物をしたまま，放っておかせてはいけません。必ず報告に来させます。できれば休み時間中に。

　そして，どうするかまで考えさせます。それをしないと忘れ物無法地帯になってしまいます。

　例えば「教科書を忘れました。明日は，忘れないように時間割は帰ってすぐにします。今日は，お隣の人に見せてもらいます。」と，こんな感じで報告をさせます。

　何事もそうなのですが，一番いけないのがそのまま放っておくことです。

　この先生は，忘れ物をしても叱らない！　そんな空気を作ってしまってはいけません。

【回答：3】

## ノートに字を書かせるとき,（　　）を使わせていますか？

ヒント （　）に入る言葉を下から選んでください。
1．下敷き
2．鉛筆
3．シャープペンシル

第4章 ● 授業づくり・学習規律

★ ★ ★ ★ ★ ★ ★ ★ ★ ★ 古川流の解答 ★ ★ ★ ★ ★ ★ ★ ★ ★ ★

　以前，下敷きを使わないことの効用について言われた時期もありましたが，私は使わせるべきだと思っています。

　普段は，何も言わなくても，当然，使われているだろうと思われがちですが，意外と使われていない現状に驚きます。

　「下敷きを敷いていますか？」と問いかけると，何人かが机の中から下敷きを取り出しています。

　これではいけません。下敷きを使わないと，ノートがボコボコになります。ボコボコになったノートは，使いにくいです。

　きちっと使わせましょう。

　下敷きも，忘れた子のために何枚か教室に常備しておきましょう。そして，忘れた子には，あれこれ言わず，黙って貸してあげましょう。　　　　　　　　　　　　　　【回答：1】

# 補助具としての（　　）の使い方について，指導していますか？

ヒント ( ) に入る言葉を下から選んでください。
1．鉛筆
2．ノート
3．消しゴム

★ ★ ★ ★ ★ ★ ★ ★ ★ ★ 古川流の解答 ★ ★ ★ ★ ★ ★ ★ ★ ★ ★

　ノートの基本は丁寧に！　です。

　ノートの使い方については，色々なスキルも販売されています。

　私の場合は，『東京教育技術研究所』で販売されているノートスキルを使います。

　年度初めは，このノートスキルを使って子どもたちにノート指導を確実に行います。

　例えば，授業の中では次のように指導します。

---

　今から，ノートを使うときの約束事を言います。

　まずは，今日の日付を書きます。次に，今から学習するページと問題番号も書きます。

　線を引くときは必ず定規を使って書きなさい。とにか

> く横の線は全て定規を使います。
>  問題と問題の横の間隔は，鉛筆が3本入るぐらいあけます。縦の間隔も少なくとも一行分はあけなさい。
>  計算をするときには，あいているスペースに補助計算を書きますが，間違ったときには，消しゴムを使わず×をつけ，その横にもう一度やり直しなさい。

というような感じです。

とにかくノートは，「ゆったりと」「丁寧に」が基本です。

そのような基本がきっちりと定着したら，自分なりのノートを作っていけばよいのです。

ノート指導にも守・破・離の意識が必要です。

【回答：2】

第4章●授業づくり・学習規律

# ㉗ 一人ひとりの子どものノートに（　　）をつけていますか？

> ヒント（　）に入る言葉を下から選んでください。
> 1. ×
> 2. ○
> 3. サイン

★★★★★★★★★★ 古川流の解答 ★★★★★★★★★★

　算数では，机間巡視を必ずしましょう。できるだけたくさんまわります。

　そして，子どものノートへ○をつけてあげましょう。

　○は，左下のように，しっかりと閉じた○を書きます。

　右下のような"マル"はダメです。

　さらに，できるだけ子どもの書いた字にかからないように配慮します。

　これはベネッセの赤ペン指導から学びました。

次のような感じです。

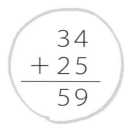 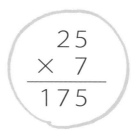

　さらに，机間巡視をしている間，困っている子がいたら，赤鉛筆指導を行いましょう。

　向山洋一氏が言われていたことですが，あれこれ助言せず，とりあえず薄く答えを書いてあげましょう。

　それをなぞらせます。それだけです。

　このような指導の積み重ねで，少しずつ自信を持たせましょう。

【回答：2】

## ㉘ 線を引くときは，（　　）を使うことを指導していますか？

> ヒント （　）に入る言葉を下から選んでください。
> 1．サインペン
> 2．定規
> 3．下敷き

### ★★★★★★★★★★ 古川流の解答 ★★★★★★★★★★

　ノートの使い方のときにも言いましたが，とにかく線を引くときは定規を使わせます。

　横の線は，全て定規を使うぐらいでよいです。

　これだけで，丁寧さが身に付きます。

　騙されたと思って，とにかくやってみてください。

　字の粗い子でも，定規を使うだけで，ノートが見違えるようによくなります。

　【回答：2】

# 黒板の字が見えにくい子へ，（　　）をしていますか？

> ヒント （　）に入る言葉を下から選んでください。
> 1．座席の配慮
> 2．眼鏡の指示
> 3．眼科の手配

★ ★ ★ ★ ★ ★ ★ ★ ★ ★ 古川流の解答 ★ ★ ★ ★ ★ ★ ★ ★ ★ ★

　これは，当たり前です。年度前の情報収集のときにしっかりと対策を練っておかねばなりません。

　情報収集は，児童調査票・指導要録・前担任からの引継ぎなど，幅広く行います。

　児童調査票では，基本的な事柄を押さえておきます。

　まずは名前。次に，家族構成をはじめ，家族の健康状態を把握しておく必要があります。

　もちろん，身体の状況も把握しておきます。

　視力の落ちている児童，あるいは聴力，身長などのデータは頭においておく必要があります。特に席を決めるにあたっては，それらのことを抜きにしては考えられません。

【回答：1】

第4章　●　授業づくり・学習規律

# 30 （　　）を守っていますか？

> ヒント　（　）に入る言葉を下から選んでください。
> 1．授業終了の時間
> 2．遊びの時間
> 3．授業開始の時間

★ ★ ★ ★ ★ ★ ★ ★ ★ ★ 古川流の解答 ★ ★ ★ ★ ★ ★ ★ ★ ★ ★

チャイムが鳴ったら，すぐに授業はやめます。

このことについて，年度初めに，次のように宣言しておきます。

> 先生は，チャイムと同時に授業をやめます。ですから，みんなもチャイムと同時に遊びをやめて教室に戻ってきなさい。もし，みんながだらだらと遊んでいるようでしたら，先生もだらだらと授業を続けます。

こんな話をしておくと，子どもたちは急いで教室に戻ってきます。

私は，これまで休み時間にだらだらと授業をした記憶がありません。休み時間は，子どもたちにとって貴重な時間です。

その時間を奪ってはいけないのです。　　　　【回答：1】

# 31 （　　），すぐに教室へ向かっていますか？

> ヒント　（　）に入る言葉を下から選んでください。
> 1．始業チャイムが鳴ったら
> 2．子どもがけんかを始めたら
> 3．地震が起きたら

★ ★ ★ ★ ★ ★ ★ ★ ★ 古川流の解答 ★ ★ ★ ★ ★ ★ ★ ★ ★

　休み時間後のチャイムが鳴ったら，真っ先に席を立つようにしましょう。

　子どもたちに，チャイム行動を強制するだけでなく，教師自ら時間厳守で動きましょう。

　朝の職員朝会後も，一番に席を立ちましょう！

　いつまでも職員室に残っていてはいけません。

　心掛けたいことです。

【回答：1】

## 授業に遅れた子を（　　）工夫をしていますか？

> ヒント （　）に入る言葉を下から選んでください。
> 1．叱る
> 2．待つ
> 3．急がせる

★ ★ ★ ★ ★ ★ ★ ★ ★ ★ 古川流の解答 ★ ★ ★ ★ ★ ★ ★ ★ ★ ★

「○○君は，いつもいつも授業に遅れてきます！　何度言ったら分かるんですか！」

というように，遅れてきた子が叱られている光景を，よく目にします。

このような時間が，逆に授業開始の時間を遅らせていることに気付くべきです。

こんな無駄な時間を作るより，授業開始と同時にフラッシュカードなどを始めるとよいですね。

フラッシュカードをやっているうちに，子どもたちは戻ってきます。すでに授業が始まっているので，その子たちも慌てて授業に合流します。

そうして全員が揃ったら，

「はい，全員が揃いましたから，授業を始めます。日番さ

んは授業開始の号令をかけてください。」
と,さりげなく授業を開始するのです。

　これで,全員が気持ちよく授業を始められます。

　とにかく,できるだけ叱らない指導を心掛けるのです。

　遅れてきた子を叱ったって,状況はなかなか改善されません。

　教師自らが,遅れてきた子を待つ工夫をしましょう!

【回答:2】

第4章●授業づくり・学習規律

## 33 授業で全員が(　　)機会を作っていますか？

ヒント ( )に入る言葉を下から選んでください。
1. 励まし合う
2. 聞く
3. 発言する

★ ★ ★ ★ ★ ★ ★ ★ ★ ★ 古川流の解答 ★ ★ ★ ★ ★ ★ ★ ★ ★ ★

　とにかく授業の大原則は、全員参加です。
　一部の子どもたちだけしか活躍していない授業をよく見ますが、残念でなりません。
　とにかく何でもよいので、全員が活躍できる場面を必ず作りましょう！
　席の順番に音読させたり、フラッシュカードを言わせるようなことを定期的に仕組むのです。
　特に参観日は、そのことを意識しましょう。参観日は特別な日なのです。
　普段通りなんて言う人もいますが、とんでもないことです。
　参観日の保護者は、自分の子どもの様子を見に来ています。
　学級全体の雰囲気よりも、自分の子どもが頑張っているかどうかの方が大切なのです。

親は，自分の子どもしか見ていないといっても過言ではありません。

自分の子どもが頑張っている授業は，その子の保護者にとって"良い授業"なのです。

逆に，自分の子どもが手遊びをしていたり，よそ見をしていたり，手も上げず授業に参加できていないようであれば，その授業は，その子の保護者にとって"良くない授業"なのです。

とにかく，どの子も授業で必ず活躍できる場面を作っていきましょう。

どんな授業でも大原則は，全員参加です。

【回答：3】

## 教室は（　）ところだという雰囲気を作っていますか？

> ヒント　（　）に入る言葉を下から選んでください。
> 1．自由な
> 2．間違える
> 3．厳格な

★ ★ ★ ★ ★ ★ ★ ★ ★ ★　古川流の解答　★ ★ ★ ★ ★ ★ ★ ★ ★ ★

　子どもたちに，自由な意見を言わせるためには，教室が開放的な雰囲気を保っていなければなりません。

　さらに受容的であることが必要です。

　とにかく間違いが認められる学級を作らないと，子どもたちは堂々と意見が言えなくなります。

　「○○さんの意見は間違っていたけど，みんなはその答えのおかげでたくさんの勉強ができました。○○さん，ありがとう。」というように，教師も間違えを認める姿勢を作ります。

　『教室はまちがうところだ』（蒔田晋治作・子どもの未来社）という絵本があります。こんな本も読んであげたいです。

　一部の子どもたちだけしか活躍していないような学級から脱却したいものです。

【回答：2】

# 35 一人が発言しているとき，（　　）を確認していますか？

> ヒント （　）に入る言葉を下から選んでください。
> 1．周りの反応
> 2．姿勢
> 3．様子

**★★★★★★★★★ 古川流の解答 ★★★★★★★★★**

一人ひとりの発言に対して，周りの子の様子を見てください。

実は，このことを多くの教師はしていません。発言している子しか見ていないのです。これをすることによって，人間関係が見えてきます。

いじめられっ子が発言している時には，教室に陰湿な空気がかすかに流れます。目くばせをしたり，ヤジが出たり，ニヤッとしたりするような場面も見られます。

こんな事実を教師は見逃してはいけません。

「○○さん，今笑ったけど，何がおかしいの？」ときちっと詰めていきます。

いじめは，何気ないところから察知できます。そのような空気に敏感な教師になりたいものです。　【回答：1】

## 友達の（　　）を聞く姿勢ができていますか？

ヒント （　）に入る言葉を下から選んでください。
1. つぶやき
2. 気持ち
3. 発表

★ ★ ★ ★ ★ ★ ★ ★ ★ ★ 古川流の解答 ★ ★ ★ ★ ★ ★ ★ ★ ★ ★

　約20年ほど前になりますが，当時，日本一の授業と評された静岡県の鈴木恵子学級の話し合いの様子を見たことがあります。そのレベルの高さに，衝撃を受けたことを今でも覚えています。

　ご存知のように，文科省は，学習指導要領にアクティブラーニングという言葉を使わないということを発表しました。

　これに代わって，「主体的・対話的で深い学び」という表現が使われます。私は，「主体的・対話的で深い学び」のキーワードを二つ考えています。それは「聴く力」と「表現する力」です。これが備わると「主体的・対話的で深い学び」が実現できると考えています。なぜなら，この二つの力のない学級がとても多いからです。

　鈴木学級は，当時からこの二つの技能が，ずば抜けていま

60

した。

　友だちの話を聞く子どもに育っているか。

　友だちの思いを受け止めようとするクラスか。

　発言しにくい子ども，声の大きく出せない子どもに対して配慮する子どもたちか。これらのことを，もう一度確かめてみるとよいですね。

　学級の雰囲気として，まずは友達の発表をしっかりと聞く姿勢をつくらないといけません。

　話し手の顔を見ての「うなずき，あいづち，賞賛」の傾聴三動作ができるようになることが目標です。

【回答：3】

第4章●授業づくり・学習規律

# （　　）が自然と起きますか？

> ヒント （ ）に入る言葉を下から選んでください。
> 1．拍手
> 2．注意
> 3．叱責

★ ★ ★ ★ ★ ★ ★ ★ ★ ★　古川流の解答　★ ★ ★ ★ ★ ★ ★ ★ ★ ★

　拍手が自然と出るクラスは，とってもすばらしいクラスです。

　考えてみてください。崩壊しているクラスでは拍手は出ません。

　拍手は，クラスに勢いをもたらします。

　以前，私のクラスでは「拍手で盛り上げよう係」というのがありました。友達が良いことをすると拍手を促すのです。

　「今日は，○○さんの誕生日です。拍手をしましょう！」

　「◇◇君は，今日，精一杯掃除をしていました。素晴らしいと思います。拍手をしましょう！」

　というように，クラス全体に拍手を促すのです。

　クラスみんなで，素敵な時間が共有できます。

【回答：1】

# 38 待たせるとき,（　　）を作っていませんか？

> ヒント（　）に入る言葉を下から選んでください。
> 1．いらいら
> 2．列
> 3．時間

★ ★ ★ ★ ★ ★ ★ ★ ★ 古川流の解答 ★ ★ ★ ★ ★ ★ ★ ★ ★

　これは，鉄則です。

　問題をさせて持ってこさせるときなど，子どもの列を作ってはいけません。

　時間差をうまく作り，子どもの列ができない工夫をします。

　例えば，問題を10問出したときなどは，「3問目までできたら持ってきなさい。」

　あるいは，「一列目の人は持ってきます。あとの列は呼ばれるまで読書をして待ちましょう！」などと工夫をしましょう！

　とにかく空白を作ってはいけません。少しの空白ができるだけで，子どもたちは遊び始めます。

　それが子どもというものです。

【回答：2】

# ㊴ 授業の終わりに次の授業の（　　）をさせていますか？

> ヒント （　）に入る言葉を下から選んでください。
> 1．準備
> 2．予習
> 3．心構え

### ★★★★★★★★★★ 古川流の解答 ★★★★★★★★★★

　これも，極々基本です。でも意外とできていません。

　必ず次の時間の準備をして，遊びに行くようにさせましょう。

　よくあるのは，準備をしていない児童を教師が許してしまうことです。教師が根負けしてしまうのです。

　必ず全員を確認してから外に出すなど，きちんと確認しないといけません。

　出来ていない子は，呼び戻すぐらいしないといけません。そこまでして習慣になっていくものです。

　教師が子どもたちに根負けしないようにしたいですね。

【回答：1】

# ㊵ （　　）が体にあっているか確認していますか？

> ヒント （　）に入る言葉を下から選んでください。
> 1．ランドセル
> 2．机・椅子
> 3．制服

第4章 ● 授業づくり・学習規律

★ ★ ★ ★ ★ ★ ★ ★ ★ ★ 古川流の解答 ★ ★ ★ ★ ★ ★ ★ ★ ★ ★

　これは，定期的に確認することが必要です。机が体に合っていないとしっかりと学習できません。

　これがなかなか面倒なのです。ネジを回して高さを調節するタイプはなおさらです。

　まあ，少なくとも年に3回，学期毎ぐらいには，調節したいものですね。

　子どもの成長は著しいので，猫背気味になって勉強している子もいます。

　気にかけたいことです。

【回答：2】

## 古川光弘の教師修業

# 自分を高めるためには，
# 自分の学校の研究にうまく乗ることです！

それぞれの学校には，それぞれの研究教科や研究テーマがあります。

時々，それが自分の思っている内容から離れたときに，やる気を失う人を見かけます。

例えば，社会科が苦手な教師は，社会科が研究教科になった時，そっぽを向いたりします。

でも，そんな時こそチャンスなのです。それをよい機会ととらえ，うまく研究に乗り，前向きに学ぶと，苦手な教科に光が見えてくることもあります。逆に好きになっていくかもしれません。

私は，初任校の研究教科が国語でした。国語はあまり好きではありませんでしたが，その研究を通して，「ピックアップ指導法」という指導法を生み出すことができました。

ピンチはチャンスなのです。自分を高めるためには，自分の学校の研究にうまく乗ることです！　一番効率の良い研究の仕方です。

その上で自分がしたい研究は，自分の時間に進めればよいのです。

第 5 章

# 戦略的学級経営

学級経営は常に戦略です。
戦略なくして学級経営は
できません！

# 41 終わりの会を（　　）していますか？

> ヒント（　）に入る言葉を下から選んでください。
> 1．工夫
> 2．なしに
> 3．しっかりと

★ ★ ★ ★ ★ ★ ★ ★ ★ ★ 古川流の解答 ★ ★ ★ ★ ★ ★ ★ ★ ★ ★

　終わりの会で，反省会などやるときは注意が必要です。

　ダメなところを言い合って，泣かせて帰すような終わりの会ならやめたほうがよいです。

　どんな形であれ，帰りは気分よく帰さないといけません。

　簡単なゲームはよいですね。

　家に帰って，子どもたちが学校のことを喜んで親に話すようにして帰せば最高です。

　「手品」等も素敵です。簡単な手品は，色々な所で手に入れることができます。

　そんな楽しい終わりの会にしたいですね。

【回答：1】

# 欠席の子どもへ（　　）を入れていますか？

ヒント ( ) に入る言葉を下から選んでください。
1. 差し入れ
2. 伝言
3. 連絡

* * * * * * * * * 古川流の解答 * * * * * * * * *

　これは，当たり前のことだと私は思っていたのですが，やっていない人がいて驚いたことを覚えています。

　休んだ子は，それだけで不安なのです。電話の一本ぐらいは必ず入れるようにしたいですね。

　私は担任しているときは，必ず休んだ子の家に寄っていました。子どもからも保護者からも，随分と感謝されたものです。

　次の日，子どもは「先生が家に来てくれた！」と誇らしげに友達に話しているのを聞いたことがあります。

　先生が家に来てくれるということは，それだけでもうれしいものなんじゃないかなと思います。

　もちろん，家に行くことまではしなくてもよいですが，せめて電話の一本は入れるようにしましょう。　【回答：3】

## 43 楽しい（　　）をしていますか？

> ヒント ( ) に入る言葉を下から選んでください。
> 1．イベント
> 2．小話
> 3．遊び

★★★★★★★★★★ 古川流の解答 ★★★★★★★★★★

　子どもたちが頑張ったときや，学期末には楽しいイベントをやりましょう！　しかもダイナミックにやってください。

　学級でパーティーなどのイベントをすると，普段の学習では決して出来ないような出し物が必ず登場します。

　どの子も楽しみながら準備をします。色々な分野で色々な子どもが活躍するのです。隠れた才能が発揮されるのです。

　学級イベントは，いわば裏文化復活をめざしています。

　過去の古川学級には伝説的行事というものがあります。その二つを紹介します。

### 1．朝の9時から昼の3時まで続く！
### 「とんでもないクリスマスパーティー」

　新任2年目，5年生を担任していたときの実践になります

が，朝9時から昼の3時まで続くまさしく「とんでもないクリスマスパーティー」というのを子どもたちは企画しました。

　計画書はクラス全体で15枚になりました。しかも学校で普段持ってきてはいけないようなものを食べようというおまけつきです。

　さすがに校長先生に叱られるのではないかという心配から，最後には校長先生にまで交渉に行ったという記録が残っています。

　この1日パーティーは，子どもたちに，とてつもない影響力があります。こんなこと，まず普通の教師はしません。色々と煩わしいからです。

　でも，子どもたちにとっては，非日常的であり，強烈に印象に残るようです。

　時間的な批判もありますが，週に1時間の学級の時間を5回分集めてやるという裏ワザ？を使います。

　とにかく，このような楽しいイベントをどんどん仕組むのです。

　若いときは，授業に向けて勉強する事は必要です。学校の実務をこなす事も大切でしょう。

　でも，若いときだからこそ「できる」事もあります。

　第三者から見ると少々"冒険的実践"を，子どもたちのために具現化する熱い志と実行力を，若い先生方は持たなくてはならないのではないでしょうか。

第5章●戦略的学級経営

計画書作成，校長先生交渉など，このパーティーの実現までのドラマは，私がさりげなくそして意図的に仕組んだ演出です。

　子どもたちは，このパーティーが最高に面白かったらしく，この年の思い出ベスト10では，満票に1票足りなかったものの堂々の第1位に輝いています。

　あれから，もう25年以上たった今でも，そのパーティーの感動は，私の心に残っています。若さゆえに無謀なところもあり，やり過ぎの感もぬぐえません。

　ただ，みんなでやり切ったという清清しさは，今でもはっきりと覚えています。若き日のなつかしい思い出です。


## 2．様々な種類のラーメンをミックス仕立て！
### 「ラーメンを盛大に食べよう会」

　こちらは教職3年目，6年生を担任していたときの実践です。

　当時の学校は，まだ土曜日に授業がありました。その土曜日の昼から，みんなで川原で遊ぼうということになりました。

　実は当時，土曜日の昼からを使って，よく楽しいことをやりました。土曜日の午後は，色々なことに利用できるゴールデンタイムでもあったのです。

　しかし，ただ集まるだけではもったいないということで，全員にどんなラーメンでもよいから1個ずつ持ってこさせま

した。

　実にさまざまな種類のラーメンが集まりました。当時の記録によれば，ざっと次のようなラーメンを子どもたちは持ってきたのです。

　　・好きやねん　しょうゆ味　・好きやねん　みそ味
　　・わんぱくラーメン　・さっぽろ一番　塩ラーメン
　　・チキンラーメン　・チャルメラ　しょうゆ味
　　・さっぽろ一番　みそラーメン　・出前一丁
　　・ヤクルトラーメン　・好きやねん　塩味
　などなど一挙に28個

　その後，川原で火を起こし，大きな鍋にこれらを全部放り込み，みんなで一斉に食べたのです。

　何でもやってみるもので，これがまた実においしいのです。

　最初は味に不安がっていた子どもたちでしたが，食べ始めると，あの鍋の中のそうめんみたいなラーメンがいっぺんになくなってしまったのです。もちろんスープまでも……

　今考えると確かに冒険的ではあります。しかし，こんな思い出をたくさん作っていくことも小学校教育として大切なことではないかと思っています。

　このイベントは今でもできます。家庭科室などを利用して，工夫することができます。私の話を聞いて，やった人は何人もいます。

今のような時代，なかなか「馬鹿げたフェスティバル文化」（金森俊朗氏）を実行することができません。

　しかし若いときは，無理を承知でこのような体験をしてみることも大切なことのように思っています。

　教室では得られない貴重な学びを，子どもたちとともに共有することができるからです。

　今考えると確かに無茶なことをしていると思います。しかし，こんな思い出をたくさん作っていくことも小学校教育として大切なことではないかと思っています。

　若い先生方に伝えたいです。今はこのようなことはできませんが，時代に合った冒険をするのです。それを見つけ出すのも，また面白いものです！

　若いときだからこそ，「できる」ことがあります。

　ただ，ひたむきに教育だけに打ち込むことが出来る青春時代は，再び訪れないのですから……

　若い先生方，冒険は今しかできません！

　詳しくは，拙著『「古川流」戦略的学級経営　学級ワンダーランド計画』（2016 年 黎明書房）をご覧いただければ幸いです。

　今の時代，決してやってはいけない事例も満載です（爆笑）。

【回答：１】

子どもたちの( )を高めていますか？

> ヒント ( )に入る言葉を下から選んでください。
> 1．ファイティングスピリッツ
> 2．自尊感情・人間関係力
> 3．気合い

★ ★ ★ ★ ★ ★ ★ ★ ★ 古川流の解答 ★ ★ ★ ★ ★ ★ ★ ★ ★

　4月から5月の出会いの時期，或いは仕切り直しの9月のスタートは，子どもたちの自尊感情を高め，クラスの人間関係力を向上させるのには，これ以上にない絶好の機会です。

### 1．ハッピーレター大作戦

　そこで，この機会を見逃さず，「ハッピーレター大作戦」を実行します。

　この「ハッピーレター大作戦」というのは，友だちの良い所や好きな所を手紙に書いて届けてあげるだけの，ごくごく平凡な取り組みです。

　「なぁ〜んだ……」と思われるかもしれません。しかし，私が行う「ハッピーレター大作戦」には，隠された工夫があります。この工夫があるために，平凡な実践が"ダイアモン

ド実践"に化けます！

　では，その工夫とは何か？　それは，「もらった人には必ず返信をしなければならない」というルールが設定されていることです。つまり，書けば書くほど返事が来ます。自分だけ手紙が届かないということがありません。これがこの実践の優れた所です。

　これをやると，あらかじめ用意していた数百枚の用紙があっという間になくなってしまいます。

　各々に届いたハッピーレターは，綴って持って帰らせます。子どもたちは，宝物のように持って帰ります。もちろん一応，目を通しておくことは必要です。

　なお，この実践には，おまけがつきます。教師にもハッピーレターを書く子が出てきます。

　つまり，私たちも幸せになります。

　さらに，翌日，保護者からもお手紙が届きます。子どもたちが家で，弾んでハッピーレターを見せるからです。そのうちのいくつかをご紹介します。


● 　たくさんのハッピーレターを嬉しそうに持って帰ってきました。クラスのみんなが，こんなふうにこの子の事を思ってくれているんだと，私もすごくハッピーになれました。色々な勉強のしかたがあるものですね。

● 　ハッピーレターは，とてもよいことですね。「私の宝物！」

と言って大切にしまっていました。あんなお手紙をもらう
と，お友だちにやさしくなれるような気がします。

● ハッピーレター，○○も何回もうれしそうに読み返して
います。

　日頃から親が子どもの良い所を見るようにしていない
と，子どもも友だちの良い所を見つけられないのかも……
と反省し，私も子どもの良い所探しに努力しているところ
です。子どもの良い所を見つけていくと，毎日，意外とた
くさん見つかって楽しいですね。子どもとケンカもしなく
なりましたよ！

● ハッピーレター，ほのぼのとした気持ちで読みました。

　お友だち同士で良い所を見つけ合う，自由に手紙を交換
するなんてよいですね。悪い所を注意するのは簡単ですけ
ど，こうしてどんどん良い所を見つけ合い，話し合って
いけば，良いクラスになるでしょうね。

　このように，ハッピーレターの用紙を１種類，用意してお
くだけの簡単な実践ですが，子どもたちの自尊感情を高め，
クラスの人間関係力を向上させるのに効果は計り知れませ
ん。ただ，このような方法は一つではだめです。

　今から紹介するような方法を，ことあるごとに次々と行っ
て子どもたちの自尊感情を高め，クラスの人間関係力を向上
させていきます。

同じことばかり続けていると，単調になり，子どもたちは
飽きてしまいます。

## 2．友だちの長所を見つけるトレーニング

　これは，一番簡単な方法です。白紙プリントを用意してお
くだけでできます。

　簡単に言うと，アットランダムに抽出した友だちの良い所
を見つけさせるのです。これは，友だちの長所を見つけるた
めのトレーニングです。

　まずはプリントを配り，「自分の出席番号の次の人の良い
所を三つ以上書きなさい」と指示します。たったこれだけの
ことですが，子どもたちにとっては簡単ではありません。な
かなかできません。この事実に愕然とするほどです。普段か
ら良い所を見る習慣が身に付いていないからです。

　このトレーニング，自分の席の隣の人，出席番号の前の人，
というように色々と応用が可能です。

　私は，毎月の初日に実施するように決めていました。そう
すると忘れずに定例化されます。時間もかかりません。

　何度もやっていると，だんだんと長所が書けるようになっ
てくるから不思議です。

## 3．円形型・長所発見システム

　引き続き，自尊感情を育てるための方法として，円形型・

78

長所発見システムを紹介します。

　まずは，机を円形型に並べます。そして，全員の名前を書いたプリントを順に回しながら，回って来た人の長所をそのプリントに書き込んでいきます。できるだけそれまでに書かれていない新たな長所を見つけて書いていくようにします。時間は一人約１分ずつで一周します。

　一周したら回収し，書かれてあることを読み上げながら，誰のことなのか，みんなであてっこをします。

　分からないように順番を変えて次々と読みます。とても活発に手があがります。

　そりゃそうでしょう。よいことばかり書かれているのだから気持ちがとてもよいです。やはり短所を言われるより，長所を認められる方がよいに決まっています。これは大人も同じです。

---

　その気になって見つければ一人ひとりこんなに多くの長所があるのです。

　みんなの中には内気な人がいますね。でもこれはしっかり考えることができる人と言えるかもしれません。

　落ち着きのない人もいますね。これは活動的と言えるかもしれません。

　つまり短所は長所に言いかえることもできるのです。

　人間はすぐに人の悪い所に気付きがちですが，これからは，人の良い所が見つけられる人でいてください。

というふうに語りかけるとよいでしょう。

なお，このプリントも本人に持ち帰らせます。子どもたちは，宝物のように大切にして持って帰ります。家の机の前に貼っているという子もいます。


以上のような方策を次々と打っていくことにより，子どもたちの自尊感情を高め，クラスの人間関係力を向上させていきます。

再度言いますが，"変化のある繰り返し"がキーワードです。

このような方法は，あればあるほどよいのです。たくさん引き出しにしまっておいて，ことあるごとに引っ張り出してきます。そのためにも，教師は学ぶ必要があるのです。

青少年犯罪や自殺者が年々増える理由の一つに自尊感情の欠如が挙げられます。いじめもそうでしょう。

自分で自分のことが好きになれないのです。自分のことが好きになれば，自分を大切にするし，友だちも大切にするようになってきます。

自尊感情を育て，人間関係力を強化することを，これからの学級経営や人間関係づくりの基盤として考えたいものです。

拙著『「古川流」戦略的学級経営　学級ワンダーランド計画』（2016 年 黎明書房）には，さらに詳しい内容を紹介しています。ご覧いただければ幸いです。　　　　　【回答：2】

# ㊻ 子どもたちに（　　）を書かせていますか？

ヒント（　）に入る言葉を下から選んでください。
1．日記
2．実践記録
3．観察記録

* * * * * * * * * * 古川流の解答 * * * * * * * * * *

　私は，毎年，日記を書かせることにしています。どの学年でも書かせます。しかも毎日書かせます。1年生でも毎日書かせます。

　これを時々やるから，「え〜！」となるのです。もう，絶対にやらなければならないものとして位置づけてしまうと，宿題に日記がないときなど，逆に「先生，今日は日記を書かなくてもよいのですか？」などと言うようになります。

　書くことは，国語のみならず，そこから派生して学習活動の全てにおいて，多大な効果を波及させることができます。何よりも子どもたちの心を知ることができ，学級経営に生かすことができるのです。それは私のこれまでの実践において自信を持って言うことができます。

　そんな中で，成功させるためのポイントを一つだけあげよ

と言われれば何か？

　それは,「毎日書かせること」です。連続日記です。とにかく,毎日書かないとうまくならないし，本音も出ません。


## 1．「文章表記」の基本を徹底する

　私は，日記指導に取り組むにあたり，４月当初に次の三つのことを必ず徹底します。

　【ポイント１】

　とにかく「。」をつけたら行をかえます。

　これだけですっきりとし，グンと読みやすくなります。なお，行をかえたら必ず１マスあけることも徹底します。

　このことがしっかり習慣づけられたら，意味段落で行がえをするように切りかえていきます。

　【ポイント２】

　一文に一つのことを書かせます。

　やたらと「,」を打って，色々なことを長々と続ける文がありますが，これは悪文です。

　できるだけ,一文には一つのことしか書かないようにします。

　【ポイント３】

　これは高学年に限りますが，書き出しはクライマックスから書かせます。

　「よっしゃー!!　５時間目がおわった!!　明日は土曜日お休みだ!!」

「がっくり，少しの差で落選……来年度の児童会役員選挙の結果です。」という感じで。

たったこれだけのことですが，この３点を徹底すると，読みやすく，しかもすっきりとした躍動感のある文になります。

ただ，簡単なように思えますが，これを徹底するのには，少なくとも４月いっぱいはかかります。

## ２．「100 日連続日記」で子どもたちの心を知る

さて先に述べた連続日記ですが，この指導にもテクニックがいります。まずは始めの意欲付けが大切です。子どもたちは，文を書くことをあまり好みません。そのため，年度の途中から日記指導を始めようとしてもうまくいきません。

やはり，黄金の３日間が大切です。学級始めの３日間のうちで，次のような話をします。このときなら，あからさまに抵抗を示す児童はないでしょう。比較的スムーズに日記指導を開始することができます。

みんなは知っていると思うけど，先生のクラスでは毎日日記を書きます。これまでのクラスでも書いています。でも，みんな喜んで書き続けました。なぜなら，100 日連続日記に挑戦したからです。

100 日間，連続で日記を書くのです。一口に 100 日と言っても大変です。土曜日も日曜日もずっと休まず書かないといけません。

第５章●戦略的学級経営

83

> でも書き続けると，どんどん書く力がついてきて，100日に近づくにつれて，少々の文を書くなんてことは，へっちゃらになります。しかも日記を書くことが楽しくなります。
>
> 世の中には「100の努力」という話があります。100の努力を続けると，ある一線を境にブレイクスルーが起こるという話です。一気に書けるようになるのです。
>
> 先生が担任した6年生は，卒業式までがんばって300日連続日記を達成した子がたくさんいます。ぜひ，みんなもチャレンジしてみてください。

こんな感じで話をします。すると「よ〜し！」と言う子が必ず現れるはずです。たいていは男の子です。しかし，その子は続きません（笑）。続くのは女子が多いです。

続かせるのは大変です。宿題に日記が出た日はよいのですが，宿題に日記のない日も書かないといけないからです。

しかし，「100日連続日記」をやり切ると，子どもたちにはものすごい自信と満足感が育ちます。

もちろん続かなくてもよいのです。途切れたら，「また今日から頑張ったらよいよ」と励ませばよいのです。いつからでも取り組みを再開することができます。

ただ，返事は書かないといけません。毎日返事を書くのは大変なことですが，それはしていかないといけません。

連続日記は，子どもたちに書く力をつけること，続けて物

事をやりぬく力をつけること，そして，何よりも子どもたち全員とのコミュニケーションを図り，学級経営を補強するという点で，大変な効果を発揮します。

　日記指導を継続していると，子どもたちの楽しみや喜びをたくさん知ることができます。でもそれ以上に一番の収穫は，子どもたちの悩みや不満を知ることができることです。これは日々の生活からだけでは，なかなか見つけることはできません。

　私のクラスでは，悩み事，相談ごとなど，恥ずかしがらずどんどん書いてきます。特に女子に多いです。私の知らない子どもの中の世界を日記から知ることができます。こうなれば，子どもたちとコミュニケーションを図るという点では目的が達成されています。

　さらに，日記指導を続けていると，何気ない表現の中に，隠されている子どもの本音を見つける力が付いてきます。これは，毎日続けて日記指導を行っている成果であると言えます。日記は子どもを知る有力な方法です。

　やはり毎日書くということは，子どもたちに構えを作らせず，気楽に取り組める雰囲気を作り出しているのだと思います。拙著『「古川流」戦略的学級経営　学級ワンダーランド計画』（2016 年 黎明書房）には，日記指導のマンネリ化を防ぐ「評価の工夫」など，さらに詳しい内容を紹介しています。ご覧いただければ幸いです。　　　　　　　【回答：1】

第 5 章 ● 戦略的学級経営

**（　　）という体験をさせていますか？**

> ヒント ( ) に入る言葉を下から選んでください。
> 1．みんなで苦労した
> 2．みんなで頑張った
> 3．みんなで笑った

★ ★ ★ ★ ★ ★ ★ ★ ★ ★ 　古川流の解答　★ ★ ★ ★ ★ ★ ★ ★ ★ ★

　私が拙著『「古川流」戦略的学級経営　学級ワンダーランド計画』（黎明書房）で主張している「人間関係力」（横糸にあたる）と「学級掌握力」（縦糸にあたる）は，学級を組織していくために，とても大切な要素なのですが，もちろんそれらは強ければ強いほどよいのです。軟弱だとすぐに破れてしまいます。

　例えば，ペーパーのような軟弱な「縦糸」「横糸」ではダメなのです。強化しないといけません。

　「人間関係力」と「学級掌握力」を，まずは，一つひとつ機能させるのですが，その後は，今度は二つを同時に強化していきます。

　そのための方法が三つあります。その三つとは，次のものです。

> ○　みんなで楽しい事をする
> ○　みんなで一つのことに取り組む
> ○　全員達成の事実を創り出す

　この三つの取り組みは，子どもたちどうし，そして教師と子どもたちとの絆を強固にしていきます。その結果，子どもたちの生活を豊かにします。

　この46番で言っているのは，この二つ目です。決して楽しい事ではないけれど，みんなで頑張った！という体験です。

　合唱コンクールに出場するとか，ドラム缶一杯分のプルトップを集めるとかです。

　これをやると，子どもたちはクラスへの帰属意識を高め，仲間意識が高まります。

　詳しくは，先にあげた拙著を，ぜひお読みください。

【回答：2】

第5章●戦略的学級経営

# 家庭訪問以外に，（　　）と話をしましたか？

> ヒント （　）に入る言葉を下から選んでください。
> 1．全ての保護者
> 2．おじいちゃんやおばあちゃん
> 3．地域の人々

★ ★ ★ ★ ★ ★ ★ ★ ★ ★　古川流の解答　★ ★ ★ ★ ★ ★ ★ ★ ★ ★

　これは，意外と保護者との距離を詰めるのに効果があります。

　良い所を連絡帳に書いたり，手紙にしたためるという方法もあります。

　私は担任しているとき，毎日３人ずつ連絡帳に良い所を書いていたときがあります。10日で全員が書けます。

　全員が終われば，また二度目をスタートさせます。

　普段，連絡帳に書かれることは，たいていが良くないことだけに，保護者も児童も大変喜んで待っていてくれます。

　こんな感じで色々と工夫できます。

　ぜひ家庭訪問以外に，全ての保護者と話す機会を設けてください。

【回答：１】

# 教師が（　　）していませんか？

ヒント （　）に入る言葉を下から選んでください。
1．カッカ
2．いらいら
3．根気負け

★ ★ ★ ★ ★ ★ ★ ★ ★ ★ 古川流の解答 ★ ★ ★ ★ ★ ★ ★ ★ ★ ★

　何度か取り組んでみただけで，この方法は合わないと判断して，すぐにあきらめてしまう教師がいます。

　子どもたちの力をもっと信じないといけません。子どもの力というものは，案外，すごいものがあります。

　そもそも数回取り組んだだけで大きな成果が出るような，教育とは，そんな簡単なものじゃないのです。

　教育は手品ではありません。

　何度も裏切られ，何度も惨めな思いをし，そんな中でも可能性を見出していかなければならないのが教育なのです。

　何かを始める，何かを続けるということには覚悟が必要です。

　だいたいなんでもそうですが，一番続かないのが教師です。あれもこれもと手を出してはうまくいかないとやめてし

まう，このクラスには向かないとあきらめてしまうのです。
　根気が続きません。
　教師が根気負けしてはいけないのです。

【回答：3】

# 49 子どもたちとの（　　）は守っていますか？

> ヒント （ ）に入る言葉を下から選んでください。
> 1．ルール
> 2．約束
> 3．決まり

★ ★ ★ ★ ★ ★ ★ ★ ★ 古川流の解答 ★ ★ ★ ★ ★ ★ ★ ★ ★

　子どもたちと簡単に約束をしていませんか？

　約束するときには，しっかりと意識して，確実に守らなければいけません。

　例えば体育などが都合でなくなる場合は，子どもたちはなかなか納得しません。

　そんなときには，確実に抑えられる日程をつかみ，「○月○日○時間目に，今日の抜けた体育をやりますから，今日は悪いけど先生の都合をきいてくださいね。」

　というように約束しましょう。そして，その日には確実に体育を行います。

　もし，その日も出来なければ，確実に子どもたちは教師から離れていきます。心したいことです。

【回答：2】

# （　　）をうまく利用していますか？

ヒント　（　）に入る言葉を下から選んでください。
1．学級通信
2．教師の威厳
3．子どもたち

★ ★ ★ ★ ★ ★ ★ ★ ★ ★　古川流の解答　★ ★ ★ ★ ★ ★ ★ ★ ★ ★

年度当初に次のようなお願いを学級通信に書きます。こちらは，東京都の向山洋一氏から学んだことです。

> 　子どもを育てるのは，教師だけではなく，また保護者だけでもありません。保護者と教師がいっしょに頑張らなければなりません。
> 　家で親が子どもの前で，学校や教師の悪口を言ったり，また教師が，職員室で親の悪口を言うようなクラスでは，絶対に子どもは伸びません。これは間違いありません。
> 　この1年，子どもたちの幸せのために精一杯頑張ります。どうか，教師としての子どもに対する思いを信頼してください。決して，その場の気分や衝動で指導したりはしません。

私や学校に対する悪評は，子どもの前ではくれぐれもおつつしみ願いたいと思います。親から自分の担任や学校の悪口を聞かされる子どもの立場はみじめなものです。教師を信頼しなくなり，伸びる芽を自ら摘み取ってしまいます。

　また長い１年間，子どもが私の不満を漏らすこともあるかもしれません。そんなときは

　「何を言っているの！　先生はあなたのことを考えてくれているのよ」などとフォローしていただければ，子どもとの関係を保つ上で大変助かります。

第５章●戦略的学級経営

　こんなふうに，年度当初に確認しておくことは大切です。

　これを読んだ保護者は，「う～ん，今度の担任は今までと違うな！」と感じるようです。

　これで，少なくとも表立った担任批判はなくなるのでないでしょうか。

【回答：１】

著者紹介
古川光弘

昭和 37 年 6 月 8 日兵庫県生まれ
神戸大学教育学部初等教育学科卒業
現在，兵庫県佐用町立三河小学校教頭
（メール）furu1962@meg.winknet.ne.jp
（ＵＲＬ）https://blogs.yahoo.co.jp/na6sho3

　『子どもの心をどうつかむか』を生涯のテーマとし，日々の実践にあたる。
教職経験年数は 32 年目。
　これまで 30 年間の教室実践の足跡は，400 本を超える雑誌論文や著書・
共著などにまとめ発表している。

【著書】
・『子どもの心をどうつかむか』（1997 年）
・『1 年生の授業・10 分間パーツ教材で集中力を高める』（2003 年）
・『6 年生の学級経営・絶対成功する年間戦略』（2006 年）
・『学級づくり成功の原則　魔法のアイデア 50 選』（2013 年）（以上，明治図書）
・『「古川流」戦略的学級経営　学級ワンダーランド計画』（2016 年）
・『忙しい先生方が無理なく取り組める授業のアイディア 30』2018 年）
　　　　　　　　　　　　　　　　　　　　　　　　　　　　（以上，黎明書房）

※「教材・授業開発研究所」ＭＬを主宰する。
※サークルやまびこ所属

＊イラスト：伊東美貴

---

クイズで実感！　学級づくり・授業づくり "50 の極意"

2018 年 5 月 10 日　初版発行

| | | |
|---|---|---|
| 著　者 | 古　川　光　弘 |
| 発 行 者 | 武　馬　久 仁 裕 |
| 印　刷 | 株式会社　太 洋 社 |
| 製　本 | 株式会社　太 洋 社 |

発 行 所　　　　　　　株式会社 黎 明 書 房

〒 460-0002　名古屋市中区丸の内 3-6-27　EBS ビル　☎ 052-962-3045
　　　　　　　　　　FAX052-951-9065　振替・00880-1-59001
〒 101-0047　東京連絡所・千代田区内神田 1-4-9　松苗ビル 4 階
　　　　　　　　　　　　　　　　　　　　　☎ 03-3268-3470

落丁本・乱丁本はお取替えします。　　　　　ISBN978-4-654-00373-0
©M.Furukawa　2018, Printed in Japan